知りたい！カーボンニュートラル

脱炭素社会のためにできること

③ 学校や家庭でできること
どう買う？ どう使う？

監修 **藤野純一**

公益財団法人地球環境戦略研究機関
サステイナビリティ統合センター
プログラムディレクター

あかね書房

もくじ

知りたい！ カーボンニュートラル
脱炭素社会のためにできること
だつ たん そ しゃかい

3巻／学校や家庭でできること　どう買う？　どう使う？
かん

第1章　わたしたちのくらしと温室効果ガス
おん しつ こう か

この本の使いかた

『知りたい！ カーボンニュートラル』は、日本が2050年に達成をめざしているカーボンニュートラルをテーマに、地球温暖化のしくみや気候変動の影響、世界や日本の取り組みを知るとともに、わたしたちにできることを見つけ、考えるためのシリーズです。

知りたい！ カーボンニュートラル ～脱炭素社会のためにできること～

1巻
ここまできている！地球温暖化

地球温暖化のしくみと、地球温暖化によって起きている・これから起こるさまざまな影響を紹介しています。

🔑 キーワード

#地球温暖化　#温室効果ガス
#二酸化炭素（CO₂）　#化石燃料
#気候変動　#海面上昇

カーボンニュートラルって？

地球温暖化をふせぐために、人間が排出した二酸化炭素（CO₂、カーボン・ダイオキサイド）などの温室効果ガスの量と、木を植えるなどして吸収したり、取りのぞいたりした温室効果ガスの量を同じ（ニュートラル）にすることだよ。くわしくは2巻を見てね！

2巻
これからどうする？日本と世界の取り組み

2015年に採択されたパリ協定の内容や、カーボンニュートラルのくわしい解説、世界や日本の具体的な取り組みについて紹介しています。

🔑 キーワード

#カーボンニュートラル　#パリ協定
#再生可能エネルギー　#電気自動車
#緩和と適応

3巻
学校や家庭でできること どう買う？ どう使う？

温室効果ガスを減らすために知っておきたい「カーボンフットプリント」という考えかたや、わたしたちが買うとき、使うときにできる具体的な取り組みを紹介しています。

🔑 キーワード

#カーボンフットプリント　#省エネ　#節電
#消費　#環境ラベル　#シェアリング

4巻
学校や家庭でできること どう捨てる？ どう行動する？

温室効果ガスを減らすために、わたしたちが捨てるときにできる具体的な取り組みや、家庭や学校で実践するときのポイント、社会を変えるためになにができるかを紹介しています。

🔑 キーワード

#ごみ　#リサイクル　#プラスチック
#ESG　#SDGs　#ボランティア

3巻では、1巻や2巻で学んだことをもとに、わたしたちにできることを紹介しているよ。「どうしてこの行動が必要なのか」を理解していたほうが、取り組みもつづけやすいはず。ぜひ1巻から読んでみてね！

3巻の使いかた

第1章「わたしたちのくらしと温室効果ガス」

わたしたちのくらしは温室効果ガスをどれくらい排出しているのか、それをどれくらい、どうやって減らせばいいか、カーボンフットプリント（→P.10）の考えかたをもとに解説しています。

第2章「買うときにできること」・第3章「使うときにできること」

カーボンフットプリントの考えかたをもとに、買うときと使うときにどんなことができるか、具体的な取り組みを紹介しています。

温室効果ガスを
減らすために
できること

テーマにかかわりの深い分野

この本では、わたしたちのくらしを4つの分野に分け、その見開きの内容にかかわりが深いものを冒頭でしめしています。

住 住まい　移 移動　食 食事　消 その他の消費財、レジャー・サービス

CFPチェック！

どんな行動をすれば、どれくらい温室効果ガスを減らすことができるかを、カーボンフットプリント*でしめしています。

［マークの基準］

★ ：1〜99kg

★★ ：100〜199kg

★★★ ：200kg〜

*とくに注がないものは、小出 瑠・小嶋 公史・南齋 規介・Michael Lettenmeier・浅川 賢司・劉 晨・村上 進亮（2021）「国内52都市における脱炭素型ライフスタイルの選択肢：カーボンフットプリントと削減効果データブック」の「東京区部」の値を参照しています。

温室効果ガスを
減らす具体的な
行動と解説

ここに注目！

見開きの内容を理解するために必要となる知識やデータ、キーワードについて解説しています。

コラム

見開きであつかうテーマとつながりの深い知識や情報を紹介しています。

もっと知りたい！
よりくわしい内容やしくみ、データなど

考えてみよう！
考え、話し合うきっかけとなる具体的な事例やデータなど

表記やデータについて

● 言葉のあとに「→P.○」や「→○巻」とある場合は、そのページや巻に言葉のくわしい解説があることをしめしています。

● カーボンフットプリントは、重さの単位である「g」や「kg」のあとに「もしCO₂に換算したら」ということをしめす「CO_2e」をつけてあらわします。
この本では、カーボンフットプリントの解説をしている第1章では「CO_2e」をつけ、第2章と3章では、「CO_2e」はぶいてしめしています。

● グラフや表では、内訳をたし合わせても合計と一致しないことがあります。これは、数値を四捨五入したことによるものです。

はじめに

　いまから約200年前の19世紀初め、フランスの科学者ジョゼフ・フーリエは、「温室効果（地球の表面で反射された太陽光の一部が大気中の物質に吸収され、地表や地表付近の大気をさらにあたためる現象、→1巻）」を発見しました。1859年、アイルランドの科学者ジョン・ティンダルは、水蒸気・二酸化炭素（CO_2）・メタンがおもな温室効果ガスであることをつきとめ、温室効果ガスを大気に排出すると地球の気候を変えるかもしれないと発表しました。当時の日本は江戸時代、世界ではイギリスで産業革命がはじまったころで、人間の活動が地球温暖化を引き起こす前のことでした。

　そして2021年、世界の科学者1300名以上が協力して作成したIPCC（気候変動に関する政府間パネル）の第6次評価報告書によると、地球の平均気温は産業革命からすでに約1.1℃上がっていること、「人間の影響が大気、海洋および陸域を温暖化させてきたことにはうたがう余地がない」ことなどが明らかになりました。2021年12月にイギリスのグラスゴーで開催された「国連気候変動枠組条約 第26回締約国会議（COP26）」では、世界のリーダーたちが気温の上昇を産業革命から1.5℃（つまり、いまからあと0.4℃！）までにおさえることで合意し、2050年までに温室効果ガスの排出量を実質ゼロ（カーボンニュートラル）にすることを共通の目標にしました。それはIPCCによる「地球の平均気温を産業革命から2℃上昇させてしまうと、『将来世代』に深刻な影響をあたえる可能性が高いが、1.5℃の上昇におさえればその影響をもっと下げることができる」という指摘を重く受けとめたからです。

　「将来世代」とは、だれのことでしょうか？ それは、この本を手に取っているみなさんのことであり、そしてその次の、さらにその先の世代のことです。3巻では、わたしたちの活動から温室効果ガスがどれぐらい出ているのかを数字でしめすことができるカーボンフットプリントを取り上げます。この本を通じて、みなさん自身が温室効果ガスの削減につながる行動を知り、実践できるようになるとともに、みなさんのまわりの人（とくに大人）たちの取り組みを冷静に分析し、未来に向けてよりよい活動ができるような「ものさし」を手に入れるきっかけになったら、望外のよろこびです。

　さぁ、いっしょに、カーボンニュートラルに向けた旅に出発しましょう！

監修／藤野純一

公益財団法人 地球環境戦略研究機関

サステイナビリティ統合センター

プログラムディレクター

第1章

わたしたちのくらしと温室効果ガス

地球温暖化をふせぐために、カーボンニュートラルに向けた
取り組みが必要なのはわかったけれど……

だれかがなんとかしてくれるだろう、って思ったキミ。
地球温暖化の原因は、1巻で学んだように、わたしたちのくらしにあったよね。

みんなが「だれか」にまかせてなにもしなければ、
いつまでたっても状況は変わらない。

自分からはじめるんだ！という気持ちで、できることにチャレンジしてみよう。

そのために、まずはわたしたちのくらしと
温室効果ガスの関係を知るところからはじめよう。

わたしたちのくらしは地球温暖化と関係があるの?

　住まいや移動、食事、服などの消費財……わたしたちのくらしをべんりに、楽しくしてくれるものやサービスは、実はたくさんの温室効果ガスを排出しているんだ。温室効果ガスの排出量を減らし、地球温暖化をふせぐためには、わたしたち一人ひとりが、くらしを見直す必要があるよ。

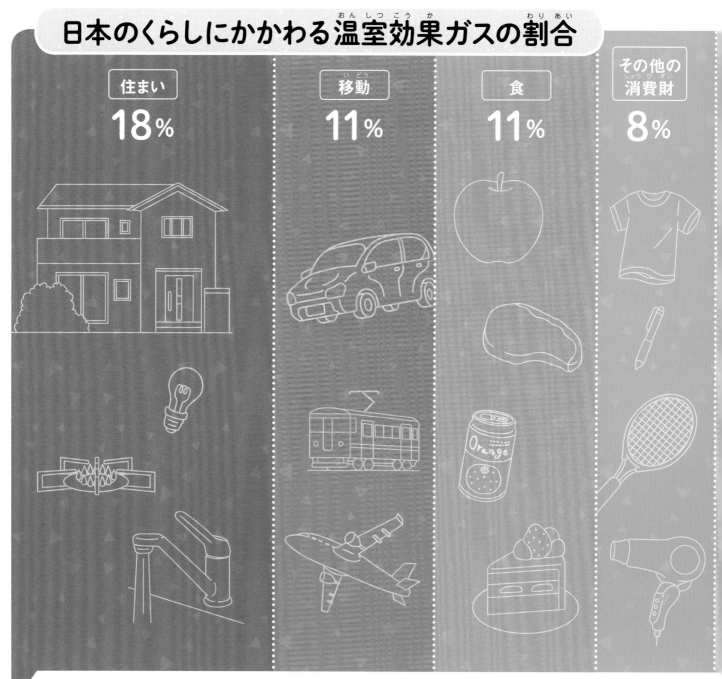

日本のくらしにかかわる温室効果ガスの割合

住まい	移動	食	その他の消費財
18%	11%	11%	8%

くらしにかかわる CO_2 … 59%

あれ、食べものや服も温室効果ガスの原因なの？温室効果ガスのうち、CO2の排出量が増える原因は化石燃料をたくさん使うこと（→1巻）って学んだけれど……。

温室効果ガスは目に見えないから、くらしを見直すって言われても、どうすればいいのかわからないよ。

次ページへ！

温室効果ガスを目に見えるようにするしくみがあるよ！

レジャー・サービス	政府消費	固定資本形成（公的）	固定資本形成（民間）	その他
11%	11%	6%	20%	4%

わたしたちのくらしが原因で排出される温室効果ガスの割合は、日本全体の約6割。約2割を住まいが、移動と食べものが約1割ずつをしめているね。くらし以外では、政府や企業などがもつ建物や機械、設備なども排出の原因となっているよ。

南斉規介（2019）産業連関表による環境負荷原単位データブック（3EID）（国立環境研究所）、Nansai et al（2020）Resources, Conservation & Recycling 152 104525、総務省（2015）平成27年産業連関表に基づく推計

凡例
住まい ■ … 住宅の建築や維持・管理、住宅で使うエネルギーや上下水道など。
移動 ■ … 通勤・通学やレジャーなどのために利用する自動車や飛行機、電車などの乗り物。
食 ■ … 家庭やレストランなどで食べる食べ物や飲み物。
その他の消費財 ■ … ほかの分野にあてはまらない商品や材料。家電製品や衣服、家具、日用品など。
レジャー・サービス … スポーツや娯楽、レストランやホテルのサービスなど。保険や情報通信、結婚や葬式、クリーニング、医療、教育など。

くらし以外から出るCO2… 41%

カーボンフットプリントってなに？

わたしたちがくらしのなかで温室効果ガスを排出していると実感できるよう、考えだされたのがカーボンフットプリント（CFP）だよ。わたしたちの身のまわりのものは、つくられてから処分されるまでのさまざまな段階でエネルギーを使い、温室効果ガスを排出する。カーボンフットプリントは、もののライフサイクル（一生）を通じた温室効果ガスの排出量を CO_2 に換算したものなんだ。

ライフサイクル

材料を用意する

農産物なら栽培する、鉱物なら採掘するなど、原料となるものを育てたり、とってきたりする。その後、材料として使える状態に加工し、使われるまで保存する。包装や容器なども用意する。

つくる

工場や農地などでものをつくる。加工するときや育てるときに機械を使ったり、加熱したり、温度管理をしたりする。包む、容器につめるなどして出荷する。

オレンジジュース 1缶の場合

・ジュースの原料となるオレンジを栽培する
・ジュースを入れるアルミ缶をつくる

・工場の機械でオレンジをしぼり、ジュースをつくる
・できあがったジュースを缶につめる

カーボンフットプリント

18.5gCO₂e	30.8gCO₂e

単位は「g」や「kg」のあとに、「もし CO_2 に換算したら」ということをしめす「CO₂e」をつけてあらわすよ。

123g

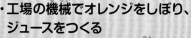

ライフサイクルとカーボンフットプリント

 もののライフサイクルのうち、わたしたちと直接かかわりがあるのは「使う」段階だね。けれど、ものがつくられるときや、捨てられた後など、わたしたちが目にすることのない段階でも温室効果ガスは排出されている。だからライフサイクル全体を考えることが必要なんだ。

＊数値は一般的な製造方法を仮定して、計算によりもとめたものです。実際の数値ではありません。一般社団法人サステナブル経営推進機構ホームページ「初心者のためのCFP　ライフサイクルシンキング」より

電気で機械を動かす、ガソリンで車を走らせるなど、エネルギーを使うことがCO_2の排出につながるよ。牛などのげっぷにふくまれるメタン、エアコンに使われるフロンなど、エネルギーを使う以外の理由で排出される温室効果ガスもあったね。（→1巻）

運ぶ・売る　　使う　　捨てる

できあがったものをトラックなどで店まで運び、売る。外国からものを輸入する場合には、飛行機や船なども使われる。店では、冷蔵するなど温度管理が必要な場合もある。

ものを使う。使う以外のときには、保存のために管理や手入れをする。電化製品や自動車などは、使うときにエネルギーが必要になる。

もの自体や包装などをごみとして運び、処分したり、リサイクルしたりする。多くのものは、燃えるときにCO_2を排出する（→1巻）。

・工場からトラックなどで店まで運ぶ
・店で冷蔵で保存したり、店頭にならべたりする

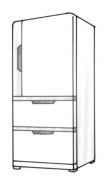

・飲むまで冷蔵庫で保存する

・トラックで空き缶の収集をする
・工場でリサイクルする

| 43.1gCO₂e | 18.5gCO₂e | 12.1gCO₂e |

CO_2e

たった1缶のオレンジジュースのために、こんなに多くの人やものがかかわって、さまざまな段階で温室効果ガスが排出されているんだね！1年間のくらし全体だと、どれくらいになるんだろう。

次ページへ！

1年間のくらしにかかわるカーボンフットプリントは……

くらしにかかわるカーボンフットプリントはどれくらい？

日本人1人あたりのくらしにかかわるカーボンフットプリントは、年間7650kg CO₂e（2017年）。869本のスギの木が1年間に吸収するCO₂の量と同じくらいだよ。目には見えなくても、わたしたちは毎日ものすごい量の温室効果ガスを排出しているんだね。くわしい内訳も見てみよう。

日本人1人あたりのくらしにかかわるカーボンフットプリントの内訳

くらしにかかわるカーボンフットプリントは、食、住まい、移動、その他の消費財、レジャー・サービスという、5つの分野のカーボンフットプリントを合計して出したものだよ。もっともカーボンフットプリントの割合が多い分野は住まいで、全体の3分の1をしめているね。

＊参照した資料にもとづき、項目の数値と、その合計である分野の数値が合わないことがあります。

電気や自動車のカーボンフットプリントがとくに多いね。どうしてだろう。
食べ物だと肉類がいちばん多いんだ！
ほかにどんな特徴があるか、グラフを見て考えてみよう。

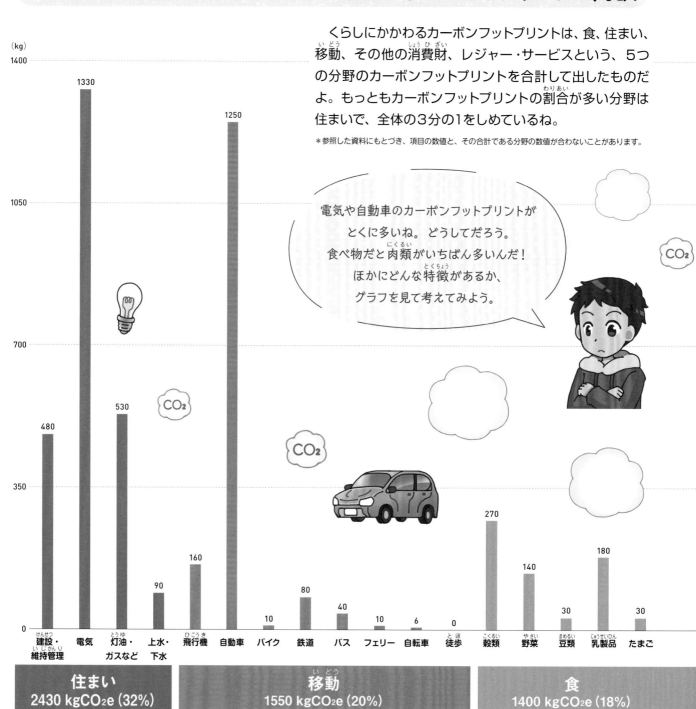

（kg）

建設・維持管理	480
電気	1330
灯油・ガスなど	530
上水・下水	90
飛行機	160
自動車	1250
バイク	10
鉄道	80
バス	40
フェリー	10
自転車	6
徒歩	0
穀類	270
野菜	140
豆類	30
乳製品	180
たまご	30

住まい 2430 kgCO₂e（32%）	移動 1550 kgCO₂e（20%）	食 1400 kgCO₂e（18%）

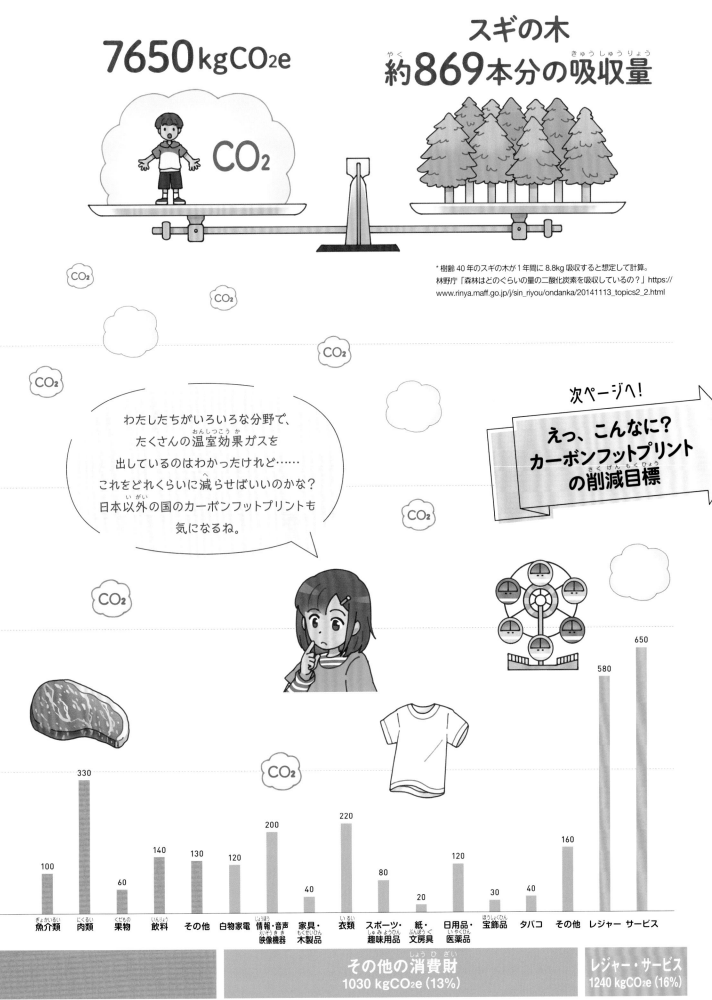

7650 kgCO₂e

スギの木 約869本分の吸収量

* 樹齢40年のスギの木が1年間に8.8kg吸収すると想定して計算。
林野庁「森林はどのぐらいの量の二酸化炭素を吸収しているの？」https://www.rinya.maff.go.jp/j/sin_riyou/ondanka/20141113_topics2_2.html

わたしたちがいろいろな分野で、
たくさんの温室効果ガスを
出しているのはわかったけれど……
これをどれくらいに減らせばいいのかな？
日本以外の国のカーボンフットプリントも
気になるね。

次ページへ！
えっ、こんなに？
カーボンフットプリント
の削減目標

魚介類	肉類	果物	飲料	その他	白物家電	情報・音声映像機器	家具・木製品	衣類	スポーツ・趣味用品	紙・文房具	日用品・医薬品	宝飾品	タバコ	その他	レジャー	サービス
100	330	60	140	130	120	200	40	220	80	20	120	30	40	160	580	650

その他の消費財
1030 kgCO₂e（13%）

レジャー・サービス
1240 kgCO₂e（16%）

出典：小出 瑠、小嶋 公史、渡部 厚志 著「1.5℃ライフスタイル — 脱炭素型の暮らしを実現する選択肢 — 日本語要約版」地球環境戦略研究機関（2020年）

どれくらい温室効果ガスを減らせばいいの？

　パリ協定（→2巻）では、地球の平均気温の上昇を1.5℃未満におさえるよう努力するという目標が立てられた。これを達成するには、世界で2030年までに1人が1年間に排出する温室効果ガスを2500〜3200 kgCO₂eにおさえる必要があるよ。

2030年までの削減目標と各国の1人あたりの年間カーボンフットプリント

　国や地域によって、くらしにかかわるカーボンフットプリントは大きく異なるよ。日本とくらべてなぜ多いのか、少ないのか、考えてみよう。

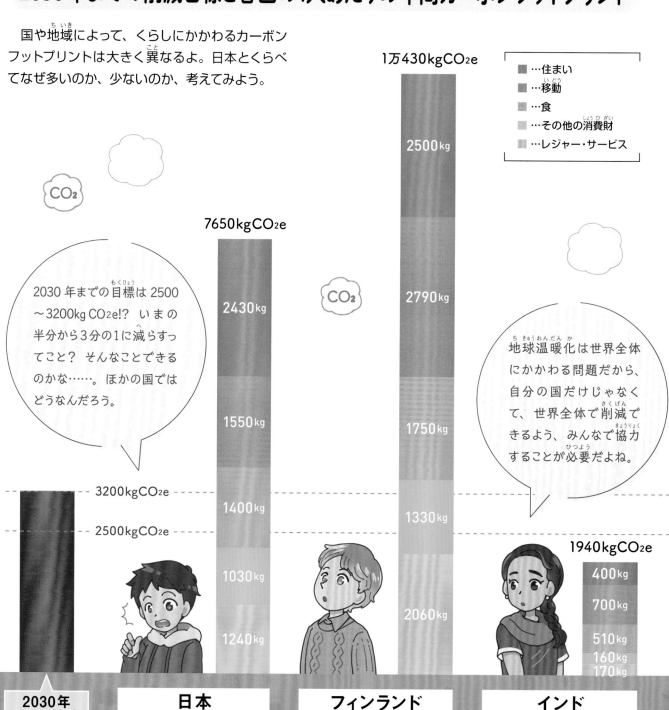

凡例：
- …住まい
- …移動
- …食
- …その他の消費財
- …レジャー・サービス

1万430kgCO₂e
- 2500kg
- 2790kg
- 1750kg
- 1330kg
- 2060kg

7650kgCO₂e
- 2430kg
- 1550kg
- 1400kg
- 1030kg
- 1240kg

1940kgCO₂e
- 400kg
- 700kg
- 510kg
- 160kg
- 170kg

2030年までの目標は2500〜3200kg CO₂e!?　いまの半分から3分の1に減らすってこと？　そんなことできるのかな……。ほかの国ではどうなんだろう。

地球温暖化は世界全体にかかわる問題だから、自分の国だけじゃなくて、世界全体で削減できるよう、みんなで協力することが必要だよね。

3200kgCO₂e

2500kgCO₂e

2030年までの目標　　日本　　フィンランド　　インド

地域で異なるカーボンフットプリント

くらしにかかわるカーボンフットプリントは、日本国内でも、住んでいるまちや地域によって大きく異なります。自動車を使う機会や、レジャー施設の数、太陽光発電での発電のしやすさなど、くらしかたや環境によってカーボンフットプリントが変わるからです。

青森市
6910kgCO$_2$e

東京23区
7270kgCO$_2$e

山口市
8030kgCO$_2$e

那覇市
5780kgCO$_2$e

出典：小出 瑠・小嶋 公史・南齋 規介・Michael Lettenmeier・浅川 賢司・劉 晨・村上 進亮 (2021)「国内 52 都市における脱炭素型ライフスタイルの選択肢：カーボンフットプリントと削減効果データブック」

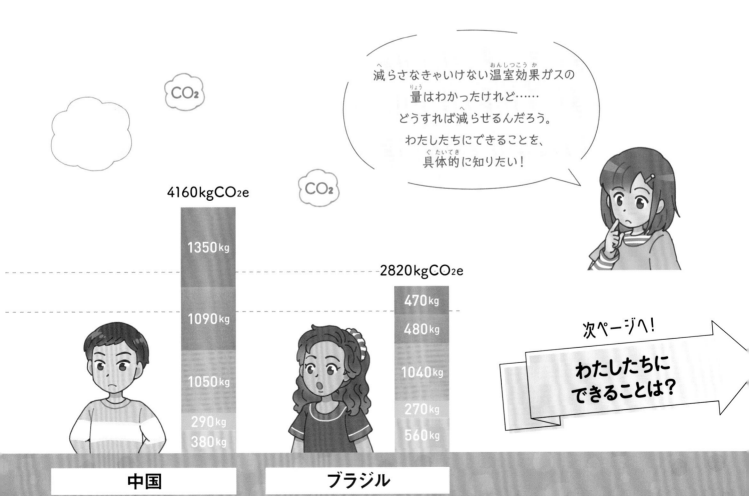

減らさなきゃいけない温室効果ガスの量はわかったけれど……
どうすれば減らせるんだろう。
わたしたちにできることを、具体的に知りたい！

4160kgCO$_2$e

1350kg
1090kg
1050kg
290kg
380kg

2820kgCO$_2$e

470kg
480kg
1040kg
270kg
560kg

中国

ブラジル

次ページへ！
わたしたちにできることは？

出典：Institute for Global Environmental Strategies, Aalto University, and D-mat ltd. 2019. 1.5-Degree Lifestyles:Targets and Options for Reducing Lifestyle Carbon Footprints. Annexes to the Technical Report. Institute for Global Environmental Strategies, Hayama, Japan.

どうすれば温室効果ガスの排出量を減らせるの？

わたしたちにできるのは、くらしのなかでよりカーボンフットプリントが小さい行動を選ぶこと、社会に積極的にはたらきかけることだよ。くらしに対する考えかたを変えることも必要だね。「今は平気だから」、「自分がらくだから」と、べんりなほうに流されないで。一人ひとりが未来を想像し、自分以外の人やもののことを考えて行動するようになれば、温室効果ガスは減らすことができるよ。

カーボンフットプリントとライフサイクルを参考にしよう

もののライフサイクルのうち、わたしたちが直接かかわるのは「買う」、「使う」、「捨てる」ときだね。ものによって素材やつくりかた、温室効果ガスが多く排出される段階は異なる。だから「買う」、「使う」、「捨てる」のどこで、どんなことをするのが効果的かも、ものによって違うよ。

カーボンフットプリントやライフサイクルがわからなくても、「どうやってつくられたのか」、「この行動がどんな影響をあたえるか」など、調べたり、考えたりすることが大切だよ。

カーボンフットプリントとライフサイクルの例

服（1着）
25.5kgCO2e
46.8%　46.7%　4.2%　1.1%　1.2%

わたしたちとものものつながり
買う　使う　捨てる

LED電球
（1こ、10年使用）
133kgCO2e
6%　0.3%　94%
（運ぶ・売る：0.02%、捨てる：0.01%）

牛肉（1kg）
99.5kgCO2e
82.6%　1.8%　1.1%　14.5%
（使う：0.0%）

0%　25%　50%　75%　100%

出典：衣類…環境省「「ファッションと環境」調査結果」国内に供給される衣類のライフサイクルのCO2排出量
LED電球…経済産業省「カーボンフットプリントガイドブック2009-2011」
牛肉…Our World in Data "Greenhouse gas emissions per kilogram of food product"（https://ourworldindata.org/grapher/ghg-per-kg-poore）

■…原材料を仕入れる　■…つくる
■…運ぶ・売る　■…使う　■…捨てる

衣服と牛肉は、「使う」より前の段階のカーボンフットプリントの割合が大きい。買うときに温室効果ガスの排出量はほとんど決まっているってことだね。LED電球は、「使う」ときのカーボンフットプリントの割合が大きいから、使うときに工夫ができそうだね。

温室効果ガスを減らすためにわたしたちができること

「買う」、「使う」、「捨てる」ときの行動を変えることで、温室効果ガスは減らすことができるよ。これらの行動を通じて、また、まわりによびかけるなどの方法で、社会にはたらきかけることも大切だね。

買うときの行動を変える

→P.19

むだなものを買わない、カーボンフットプリントがより小さいほうを選ぶなど、情報を集め、よく考えてから買おう。衣服や食べ物のように、使うときにエネルギーをあまり消費しないものは、買うときの行動がとくに大事だよ。

捨てるときの行動を変える

→4巻

どんなものも、いつかはごみとして捨てることになる。修理やリメイクをしてごみになる量を減らすといった捨てる前の工夫や、資源としてリサイクルすることで、排出量を減らそう。

使うときの行動を変える

→P.33

ものを長く大切に使う、家電製品を使う時間を短くするなど、使うときにできることはたくさんある。なかでも家電製品や自動車のようにエネルギーを消費して使うものは、消費するエネルギーを減らせば、確実に温室効果ガスを減らすことができるよ。

社会を変える

→4巻

地球温暖化をふせぐためには、社会全体で取り組むことが必要だよ。まわりの人に協力をよびかけたり、カーボンニュートラルに取り組む企業を応援したりしよう。政府の政策をチェックし、ときには声をあげることも、わたしたちの大切な役割だよ。

次ページへ!

さあ、今日からわたしたちにできることをはじめよう!

温室効果ガスを減らすために大切なこと

さあ、温室効果ガスを減らすためにがんばるぞ！と思ったキミ。ちょっと待って！覚えておいてほしいことがあるんだ。

それは、無理をせず、長く続けることが大切ってこと。

地球温暖化をふせぐのはとても重要なことだけれど、わたしたち自身の心や体の健康も、かけがえのないものだよ。たとえば暑い日にクーラーをつけないでいたら、熱中症になるかもしれない。環境にやさしい商品だけを買っていたら、おこづかいがなくなるかもしれない。自動車に乗るのをやめたら、買いものや遊びに出かけられなくなるかもしれない。これでは、とちゅうで

いやになったり、まわりの人をこまらせることになったりして、長く続けることができないね。どんなに効果の高い取り組みでも、続けることができなければ、減らせる温室効果ガスの量は少なくなってしまう。

大切なのは、「する」か「しない」かだけで考えないことだよ。「ごみを半分に減らす」、「冷房の設定温度を1℃上げる」など、自分が長く続けられる範囲で取り組もう。長く続けることで、確実に温室効果ガスは減らすことができる。今は無理でも、大人になってからできることもある。また、キミがいきいきと取り組んでいたら、「自分もやってみようかな」とまわりの人も思うかもしれない。自分の未来も大切にしながら、できることに取り組もう！

家族や友だちなどに無理やりおしつけるのも、やめたいね。まわりに協力をよびかけることは大切だけれど、するかしないか、どれくらいするかは、それぞれで決めることだものね。

みんなが自分にできることを見つけて、長く続けていくことが大事なんだね。

第2章

買うときにできること

なにかを買うときに、キミはどんなことを大切にしているだろう。

値段はもちろん、服だったらブランドやデザイン、色、サイズ、

食べ物だったら味や材料、量、栄養など、

いろいろなことを考えて買っているんじゃないかな。

これらはもちろん大切だけれど、温室効果ガスの排出量を減らすためには、

環境への影響も考えてほしいんだ。

また、買いかたに注意したり、ときには買わないことを

選んだりすることも必要だよ。

具体的な取り組みの例を見ていこう。

本当に必要なものか考えよう

わたしたちは、さまざまなものを安く、かんたんに手に入れることができるね。それはわたしたちが、ものを大量につくって大量に消費する（買って、使って、捨てる）社会にくらしているからなんだ。このような社会は大量の資源を使い、大量の温室効果ガスも排出するよ。でも、本当にそんなにたくさんのものが必要なのかな？ ものを買うときには、それが本当に必要か、考えてから買おう。

ここに注目！

ものを大量につくり、大量に消費する社会

わたしたちは、必要以上にものをつくったり、消費したりして、多くのものをむだにするくらしをしている。ひとつの例として、服をつくるために必要な資源や、つくられた服をわたしたちがどのように消費しているのか、見てみよう。

 服の生産と消費

環境省ホームページ「サステナブルファッション」
(https://www.env.go.jp/policy/sustainable_fashion/) より

 1枚の服にかかる資源

綿花の栽培には大量の水を使う。
化学肥料を使えば土が汚染される。

 ポリエステルなどの合成繊維は石油などからつくられる。

 CO₂ 排出量
CO_2
25.5kg

 水の消費量
約**2300ℓ**

日本で売られている服の約98%が外国から輸入されたものだよ！

 1人が1年間に……

約**18枚** 服を買っている

 約**12枚** 服を手放している

 約**25枚** 一度も着なかった服を持っている

 こんなに服を買ったり、捨てたりしているなんて、知らなかったよ。これでは資源がむだになってしまうし、温室効果ガスもたくさん排出されてしまうね。

 ものを大量につくるのは企業だけれど、大量に消費しているのはわたしたちだよね。わたしたち自身が消費のしかたを変える必要があるということだね。

本当に必要か考えよう

消費のしかたを変える第一歩は、むだになってしまうものを買わないことだよ。なにかを買いたいと思ったら、それが本当に必要か、よく考える時間をもとう。下のチェックポイントも参考にしてね。

ものを買うときのチェックポイント

☑ 新しくないとだめかな?

家電製品や電子機器などは、基本的に新しいものを買ったら、古いものを捨てることになる。本当に新しい機能が必要なのか、よく考えよう。

☑ まわりに流されていないかな?

人気のキャラクターや流行のデザインは次つぎに変わっていくよ。流行おくれだと言われるようになった後も、持ちつづけたいと思うものだけを買おう。

☑ 量が多すぎないかな?

食品のように使える期間に限りがあるものは、使い切れなかった分はごみになる。食べすぎると健康にもよくないよ。外食するときには料理をたのみすぎない、量を少なめにしてもらうなどの工夫をしよう。

☑ 同じものがいくつも必要かな?

服や文房具、食器、調味料などは、種類が多いと、選ぶ楽しみが増えるね。でも、ものの種類が増えるほど、1つのものを使う機会は減る。「いくつまで」と決めて買えるといいね。

☑ 代わりになるものはないかな?

使い道が決まっている家電製品や雑貨は、べんりだけれど、使う機会も限られるよね。今持っているもので代わりにできないか、買う前に考えてみよう。

カーボンフットプリント
CFPチェック!

★★★ 菓子やジュースを減らす ……… -140kg

★★★ バランスのとれた食事をする ……… -120kg

環境にやさしい商品を選ぼう

何かを買うことにしたら、カーボンフットプリントがより小さい商品を選びたいね。カーボンフットプリントがわからなくても、環境ラベルや素材、企業の取り組みなどが参考になる。環境にやさしい商品を買うことは、それをつくったり、売ったりしている企業の応援になり、環境にやさしい商品が社会に増える助けになる。将来の温室効果ガスを減らすことにつながるんだ。

ここに注目！

買うことが社会を変える

もののライフサイクルの「材料を用意する」「つくる」「運ぶ」段階のカーボンフットプリントを減らすことができるのは、商品をつくったり、売ったりしている企業だよ。どんな商品を買うか、どんな企業から買うか、よく考えよう。

OXブランド
安い!! ¥2,800
¥7,000
土に還る ¥7,000

このスニーカー、土に還る素材でできているんだ！ちょっと高いけれど買おう。

多くの人が環境にやさしい商品を選ぶと……

ほかの企業が環境にやさしい商品をつくるきっかけになる。

環境にやさしい服もほしい人がたくさんいるかな？

あっ、オーガニック（→ P.32）コットンのＴシャツだ！

このスニーカー、かっこいいね。しかも環境にやさしいんだ。

環境を大切にしたいと思う人が増えているのね。べつのデザインもつくりましょう。

土に還るスニーカー、売り上げがのびていますね。

環境にやさしい商品をつくったり、売ったりする企業の応援になる。

社会に環境にやさしい商品が増える。

カーボンフットプリントの小さい商品を選ぼう

同じものでも、つくっている企業が違えば、材料やつくりかたなどは異なるよね。だから商品によってカーボンフットプリントも異なるんだ。買うものを選ぶ基準はたくさんあるけれど、カーボンフットプリントがわかるなら、できるだけ小さいほうを選びたいね。

【 CFP マーク 】

CO_2

カーボンフットプリントの値をしめすマーク。国際規格にもとづいて算出され、認定された商品につけられる。

▶パンフレットに掲載されたスニーカーのカーボンフットプリント。カーボンフットプリントや環境への影響を数値として公開する企業も増えている。

画像提供：オールバーズ合同会社

私たちのカーボンフットプリントは？

気候変動に立ち向かうためには、皆が責任を持って行動する必要があります。わたしたちが環境に与える影響を把握するために、全ての商品にカーボンフットプリント（温室効果ガス排出量）を明記することがその第一歩だと認識しました。

環境ラベルを参考にしよう

「環境にやさしい」という言葉だけでは、どこが、どれくらい環境によいのか、判断できないよね。そんなときは、環境に配慮した製品につけられる、環境ラベルを参考にしよう。

ほかにもどんな環境ラベルがあるか、調べてみよう。また、その商品を選ぶとどんなよいことがあるか、考えてみよう。

環境ラベルの例

グリーンマーク
原料に、決められた割合以上の古紙を使っていることをしめす。

バイオマスマーク
生物由来の資源（バイオマス）を使った製品に表示できる。

エコレールマーク
CO_2排出量の少ない鉄道によって運ばれていることをしめす。

素材を確認しよう

プラスチックや合成繊維、合成ゴムなどの石油からつくられた製品は、燃やして処分するときに多くのCO_2を排出する。また、自然環境では分解されないため、海に流れ出したものは海洋汚染の原因になるよ（→4巻）。買おうと思ったものにこれらの素材が使われていたら、本当にその商品が必要か、ほかの選択肢がないか調べてみよう。

素材にはそれぞれ長所、短所があり、つくりかたや使いかたによって環境への影響も変わるよ。「この素材なら環境にやさしい」と断言することはむずかしいんだ。素材やつくりかたを調べるなどして、できるだけよい選択をしたいね。

素材のここをチェックしよう！

☑ 土に還るかな？
綿（コットン）や木、羊毛など、植物や動物からつくられた素材は、捨てた後、自然のはたらきで土に還るよ。

☑ 長持ちするかな？
使い捨てのものはできるだけ買わず、じょうぶなもの、お手入れや修理がしやすいものを選ぼう。

☑ リサイクルできるものしたものかな？
いろいろな素材からつくられているとリサイクルがしにくい（→4巻）ので、注意しよう。プラスチックなら、再生プラスチックを選びたいね。

☑ つくるためにどれくらい資源が必要かな？
たとえばコットンを生産するには、大量の水や農薬が必要だよ。オーガニック栽培なら、より環境にやさしいとされている。つくりかたにも注目しよう。

企業の取り組みを調べよう

企業のホームページなどで、商品や、その企業の環境への取り組みをチェックしよう。どんな点を工夫して、それがどれくらい環境によいのか、また、これからどうよくしていこうと考えているのか、具体的なデータや目標を公開している企業の商品を選びたいね。

企業のホームページでは、「環境への取り組み」や持続可能な社会に向けた取り組みを紹介する「サステナビリティ」のページを見てみてね！

カーボンフットプリントの小さい食材を選ぼう

食材はつくったり、運んだりするときのカーボンフットプリントが大きいよ。牛肉をはじめ、動物からとれる食材はカーボンフットプリントがとくに大きいから、ほかの食材にかえるなど、食べる量を減らす工夫をしよう。また、旬をむかえたり、地元でとれたりした食材を選ぶようにしよう。

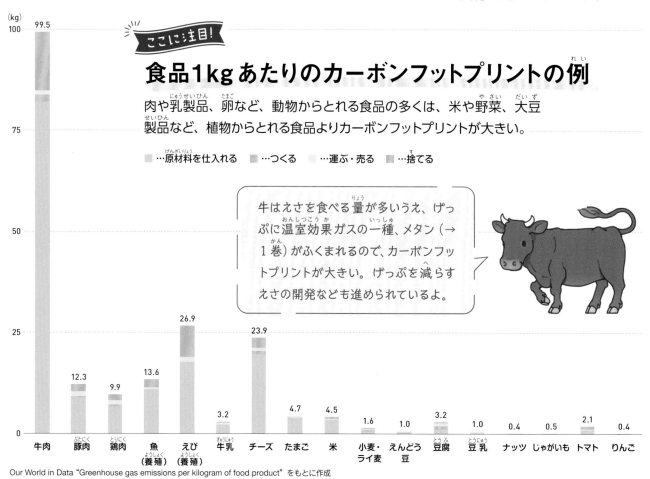

ここに注目！

食品1kgあたりのカーボンフットプリントの例

肉や乳製品、卵など、動物からとれる食品の多くは、米や野菜、大豆製品など、植物からとれる食品よりカーボンフットプリントが大きい。

■…原材料を仕入れる ■…つくる □…運ぶ・売る ■…捨てる

牛はえさを食べる量が多いうえ、げっぷに温室効果ガスの一種、メタン（→1巻）がふくまれるので、カーボンフットプリントが大きい。げっぷを減らすえさの開発なども進められているよ。

牛肉 99.5 / 豚肉 12.3 / 鶏肉 9.9 / 魚（養殖）13.6 / えび（養殖）26.9 / 牛乳 3.2 / チーズ 23.9 / たまご 4.7 / 米 4.5 / 小麦・ライ麦 1.6 / えんどう豆 1.0 / 豆腐 3.2 / 豆乳 1.0 / ナッツ 0.4 / じゃがいも 0.5 / トマト 2.1 / りんご 0.4

Our World in Data "Greenhouse gas emissions per kilogram of food product" をもとに作成

先週のハンバーグは牛肉でつくったけど、今日は豆腐と鶏肉でつくってみよう。

わあ、おいしそう！ぼくもお手伝いするね！

肉の食べかたを見直そう

動物の肉は、育てるときに多くの温室効果ガスを排出するよ。なかでも牛はカーボンフットプリントがとくに大きい。牛以外の肉や魚、大豆などからつくられた大豆ミートなどの代替肉を食べる機会を増やそう。動物にかかわる食品を一切とらない人はヴィーガン、肉や魚を食べない人はベジタリアンというよ。

CFP チェック！ カーボンフットプリント

★★★	ヴィーガンになる	-340kg
★★★	ベジタリアンになる	-220kg
★★☆	肉のかわりに大豆ミートなどの代替肉を食べる	-190kg
★☆☆	肉は鶏肉のみ食べる	-70kg
★☆☆	肉のかわりに魚を食べる	-70kg

旬の野菜や果物を選ぼう

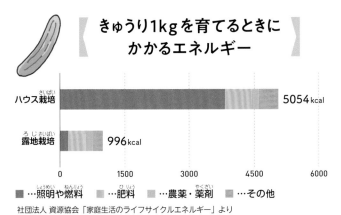

きゅうり1kgを育てるときにかかるエネルギー

ハウス栽培	5054kcal
露地栽培	996kcal

0　1500　3000　4500　6000

■…照明や燃料　■…肥料　■…農薬・薬剤　■…その他

社団法人 資源協会「家庭生活のライフサイクルエネルギー」より

ビニールハウスなどで温度を管理して、季節にかかわらず野菜や果物を育てることができるハウス栽培。べんりだけれど、温度管理にエネルギーを使うため、カーボンフットプリントが大きい。露地（屋外の畑）で栽培された、旬の野菜や果物を積極的に食べよう。

CFP チェック！ カーボンフットプリント

| ★☆☆ | 旬の野菜や果物を食べる | -40kg |

地元でとれた野菜や果物を選ぼう

食材の産地が遠いほど、運ぶためにエネルギーを消費する。外国産より国産、国産のなかでも地元産を選ぼう。ただし地元産でも、ビニールハウスで育てられるなど「運ぶ」以外の段階で多くのエネルギーを使っていると、全体のカーボンフットプリントは大きくなるよ。

CFP チェック！ カーボンフットプリント

| ★☆☆ | 地元でとれた野菜や果物を食べる | -10kg |

露地栽培のほうれん草を売っている。旬だから安いし栄養も豊富だし、家計にも健康にもうれしいね。

地元の〇〇町のりんごにしよう。新鮮でおいしそうだなあ。

野菜・果物コーナー

ハウス栽培きゅうり　旬 露地栽培 ほうれん草　地元産 〇〇町りんご　ニュージーランド産りんご

ごみが少ない・出ない
買いかたをしよう

ものを買うと、容器や包装がごみになるね。なかでも使い捨てのプラスチック製品は、温室効果ガスを排出するだけでなく、海洋汚染の原因になる（→4巻）など、大きな問題になっているんだ。

また、こわれるなどして使えなくなったときには、商品自体もごみになる。ごみとなる容器や包装を減らしたり、修理やリサイクルしやすいものを選んだりして、買うときからごみを少なくしよう。

ここに注目！
日本のプラスチック製品の年間消費量の内訳

> プラスチック消費量：年間841万トン

日本で消費されているプラスチック製品の半分近くは、包装や容器などに使われているよ。その多くが使い捨てにされているんだ。

一般社団法人プラスチック循環利用協会『2020年 プラスチック製品の生産・廃棄・再資源化・処理処分の状況 マテリアルフロー図』「国内樹脂製品消費量（841万t）の分野別内訳」より

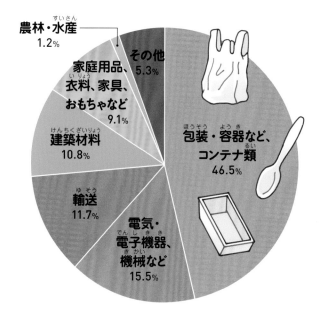

- 農林・水産 1.2%
- その他 5.3%
- 家庭用品、衣料、家具、おもちゃなど 9.1%
- 建築材料 10.8%
- 輸送 11.7%
- 電気・電子機器、機械など 15.5%
- 包装・容器など、コンテナ類 46.5%

包装が少ないものを選ぼう

ものを買うと、箱やふくろに入っていたり、紙やビニールに包まれていたり、緩衝材が使われていたりするね。このような包装は、基本的にはすべてごみになってしまう。多くの人に配るものやプレゼントでなければ、より少ないほうを選ぼう。

容器がくり返し使えるものを選ぼう

シャンプーや調味料、ペンのインクなどは、詰めかえ用の商品がべつに売られていて、容器を何回もくり返し使えるものがあるよ。詰めかえが売られているかどうかも、商品を選ぶときの基準にしたいね。

◀専用の容器にセットして使う詰めかえのボディウォッシュ。本体容器を買う場合より、カーボンフットプリントを80%減らすことができる。

写真提供：花王株式会社

修理しやすいものを選ぼう

壊れたり、使えなくなったりしても、修理や補修ができれば使いつづけることができる。家電製品や機械などは、パーツごとでも売っているもの、修理の保証期間が長いものを選びたいね。

パーツごとでも売っていれば、一部がよごれたりこわれたりしても、丸ごと買いかえなくてすむよ。

自分の容器を持ち歩こう・持ちこもう

何度も使える容器を持ち歩くことで、1度しか使われない容器や包装を減らすことができるよ。エコバッグを持ち歩いて使い捨てのビニール袋をもらわない、水とうを持ち歩いてペットボトルの飲み物を買わないなど、できることを探してみよう。

◀すべての商品を使い捨てのごみが出ないかたちで買えるスーパーマーケット、斗々屋。量り売りのものが多く、必要な分だけ買うことができる。

写真提供：株式会社斗々屋

水とうとペットボトルの カーボンフットプリント

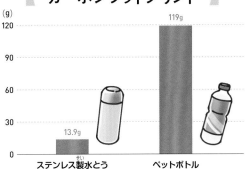

(g)

- 119g — ペットボトル
- 13.9g — ステンレス製水とう

▲1本の水とうを100回使った場合と、毎回ペットボトルを買った場合のカーボンフットプリントをくらべたグラフ。水とうを使えばカーボンフットプリントを約9分の1におさえることができる。

環境省「リユース可能な飲料容器およびマイカップ・マイボトルの使用に係る環境負荷分析について（平成23年4月）」

考えてみよう！

エコバッグがエコじゃない!?

レジ袋などのかわりに使う、エコバッグ。海洋汚染の原因になるプラスチックを減らすためにも、積極的に使いたいですね。注意したいのが、エコバッグのカーボンフットプリントです。綿製のバッグは、原料の綿をつくるときに多くの温室効果ガスを排出するため、カーボンフットプリントは一般的なレジ袋の約50～150倍になる＊とされます。つまり、少なくとも50回以上使わなければ、温室効果ガスの排出量を減らすことはできないのです。買っただけで満足せず、大切に、長く使いましょう。

＊ United Nations Environment Programme, 2020 ” Single-use plastic bags and their alternatives” より

使い捨てレジ袋
1回

綿製バッグ
50～150回

厚手の
プラスチック
バッグ
10～20回

薄手の
プラスチック
バッグ
5～10回

買ったエコバッグをすぐに捨ててしまったり、使えないほど多くのエコバッグを買ったりすると、かえって温室効果ガスの排出量を増やしてしまうね。

省エネルギーにつながる製品を選ぼう

電気やガスなどのエネルギーをつくったり、使ったりするときには CO_2 が排出される（→1巻）。使うエネルギーの量は、できるだけ減らしたいね。照明や家電製品、ガス製品など、エネルギーを消費する製品を買うときには、省エネルギー（省エネ）の性能が高いものを選ぼう。エネルギーを効率よく使うことができるので、消費するエネルギーの量を減らせるよ。

ここに注目！

エネルギーを効率よく使う

使うエネルギーの量は、製品を動かすために必要な力と、使う時間によって決まるんだ。省エネ製品には、明るさやあたたかさのような製品の性能はもとのままで、必要な力をより小さくしたものや、エネルギーを効率よく使って、使う時間をより短くできるものなどがあるよ。家電製品の例を見てみよう。

使った電気の量（消費電力量）の計算のしかた

消費電力（動かすために必要な電気の力）

　　　　W × 使った時間　　　　時間

= 消費電力量　　　　Wh

省エネ製品の例

冷蔵庫の1日の消費電力量

Ⓐ 消費電力 250W
250W × 24 時間 = 6000Wh

消費電力を小さくして省エネ！

Ⓑ 消費電力 150W　省エネ
150W × 24 時間 = 3600Wh

-2400Wh

冷蔵庫やエアコンなどは、実際は季節によって消費電力が変わるんだ。だから、これらの製品のラベルには年間の消費電力量のめやすが書いてある。参考にしてね。

ドライヤーの1日の消費電力量

Ⓐ 消費電力 1000W
1000W × 0.2 時間（12分）= 200Wh

使う時間を短くして省エネ！

Ⓑ 消費電力 1000W
1000W × 0.1 時間（6分）= 100Wh

-100Wh

冷蔵庫とドライヤーをくらべると、冷蔵庫は消費電力は小さいけれど、1日中使うから、消費電力量はずっと大きいね。省エネの効果も、冷蔵庫のほうが大きいんだ。

電球はLEDにかえよう

　LED電球には、電気を効率的に光にかえるという特徴があるんだ。そのため明るさは同じでも、白熱電球や蛍光ランプより消費電力が小さく、CO₂の排出量を大はばに減らすことができる。ほかの照明を使っていたら、切れたものからLEDにかえていこう。

CFPチェック!

自宅の電球を
すべてLEDに……-90kg
かえる

　LED電球は1つあたりの値段が高いけれど、使える時間は白熱電球の約40倍。長く使えるから、電気代をふくめた合計の金額で考えればお得なんだ。ごみの量も減らせるね。

照明の種類による
CO₂排出量の違い

＊1日5〜6時間点灯し、10年間使用した場合。

	LED電球 9W	蛍光ランプ 12W	一般電球 54W
	99kg	132kg	595kg

▲LED電球にかえれば、使うときのCO₂排出量を白熱電球の6分の1におさえることができる。

出典：省エネ買換ナビゲーション「しんきゅうさん」・住まいの照明省エネBOOK 2014年度版

省エネの性能が高い家電・ガス製品を選ぼう

　製品にはられている、省エネの性能をしめすラベルを参考にしよう。エアコンや冷蔵庫など、年間のエネルギー消費量が多いものは、とくに性能が高いものを選びたいね。

統一省エネラベル

省エネ性能
★★★☆☆ 3.0
省エネ基準達成率 100% APF 6.6
18,000円

☑ ラベルのチェックポイント
- ●★の数が多いほど省エネ
- ●マークが緑色だと法律で定められた省エネの基準を満たしている
- ●年間の電気料金のめやす

出典：資源エネルギー庁ウェブサイト（https://www.enecho.meti.go.jp/category/saving_and_new/saving/enterprise/retail/）

家庭の年間の
消費電力量が多い家電

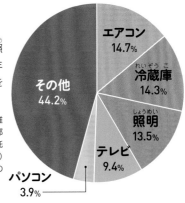

その他 44.2%
エアコン 14.7%
冷蔵庫 14.3%
照明 13.5%
テレビ 9.4%
パソコン 3.9%

▶エアコン、冷蔵庫、照明、テレビの4つだけで年間の消費電力量の半分をしめている。

出典：全国地球温暖化防止活動推進センター「令和3年度家庭部門のCO₂排出実態調査事業委託業務（令和3年度調査分の実施等）報告書」世帯当たり年間消費量の機器別構成（2019年度）

家の熱の出入りをふせごう

　家の断熱の性能を高めて熱の出入りをふせぎ、夏は熱が入らないよう、冬は熱が逃げていかないようにしよう。家のリフォームや、窓の内側にもうひとつ窓を取りつけて二重窓にするという方法があるよ。冷暖房の設定温度をひかえめにできれば、少ないエネルギーで快適にすごせるね。

CFPチェック!

家をリフォームして
断熱の性能を高める …………-120kg

家の窓を二重窓にする ………-40kg

熱は窓から出入りする

夏 73%　冬 58%

▲家で冷暖房を使っているとき、熱は夏も冬も半分以上が窓から出入りする。　出典：一般社団法人日本建材・住宅設備産業協会

再生可能エネルギーを取り入れよう

住 移
食 消

温室効果ガスをほとんど排出しない再生可能エネルギー（→2巻）をくらしに取り入れよう。むずかしそうに感じるけれど、一部のエネルギーをかえるだけでも効果があるし、電気の契約を見直すなど、特別な設備が必要のない方法もある。家族で相談してみよう。

ここに注目！

わたしたちがつくる・買うことで再生可能エネルギーは増やせる

温室効果ガスの排出量を減らすには、再生可能エネルギーの割合を増やすことが必要だったね。わたしたちが太陽光パネルを自宅に設置して電気をつくったり、再生可能エネルギーでつくられた電気を買って企業を応援したりすれば、再生可能エネルギーの広まりを後押しできるよ。

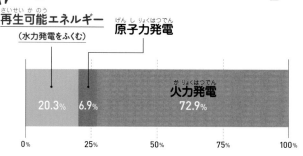

日本の電源構成（2021年度）

再生可能エネルギー（水力発電をふくむ）　原子力発電　火力発電

| 20.3% | 6.9% | 火力発電 72.9% |

出典：経済産業省 資源エネルギー庁「令和3年度（2021年度）エネルギー需給実績（速報）」

再生可能エネルギーでつくられた電気を買おう

自宅で使う電気は、どこの電力会社から、どんなプランで買うか、自分で選べるよ（→2巻）。再生可能エネルギーでつくられた電気を売る会社もたくさんあるから、調べてみよう。複雑な手続きや、電線を切りかえるなどの工事は必要ないので、一部でも再生可能エネルギーでつくられた電気にかえられるといいね。

CFPチェック！

★★★ 自宅の電力を100%再生可能エネルギー由来にかえる ……… -1140kg

電気プランを選ぶときのチェックポイント

☑ **再生可能エネルギーの割合は何%？**

数%から100%のプランまで、さまざまだよ。「最低○%以上」などとしぼって調べてみよう。

☑ **電源構成はどうなっている？**

同じ「再生可能エネルギー100%」のプランでも、実際の電源構成では火力発電が大部分をしめている場合もある。電源構成でも再生可能エネルギーの割合が多いプランを選べば、直接、再生可能エネルギーにかかわる企業を応援できるよ。

☑ **料金はどうやって決まる？**

料金が電力市場（→2巻）の価格に連動するプランだと、大はばに高くなる可能性もある。よく考えて決めよう。

☑ **ほかのメリットは？**

売り上げに応じて一部が寄付される、携帯電話といっしょに契約すると安くなるなど、プランによってさまざまなメリットがある。

しっかり情報を調べて、自分の家庭にあったプランを選びたいね。

太陽光パネルを設置しよう

太陽光発電は、発電時には温室効果ガスを排出しないよ（→2巻）。自宅に太陽光パネルを設置すれば、自宅で使用する電気の約8割＊を発電でき、カーボンフットプリントを大きく減らすことができるんだ。

＊一般家庭の平均年間電力消費量を4573kWhとし、4kWの太陽光パネルを設置して年間4000kWhていど発電した場合。
一般社団法人太陽光発電協会 表示ガイドライン（2021年度）より

👣 CFPチェック！

⭐⭐⭐ 自宅に太陽光パネルを設置して、自宅で使う電気をすべてまかなう …………… -1180kg

⭐⭐⭐ 自宅に太陽光パネルを設置したうえで調理器をIHにかえ、調理にガスを使わない …… -1280kg

太陽光パネルを設置したら、ガスコンロを、電気を使って調理できるIH調理器にかえるのがおすすめだよ。温室効果ガスを排出せず調理ができるね。

お湯のわかしかたを変えよう

いまはお湯をガスでわかしている家が多いけれど、太陽の熱や、空気中の熱を利用してわかす設備もあるよ。自然のエネルギーを取り入れることで、ガスなどを使う量を減らすことができるんだ。

【 太陽熱温水器 】

集めた太陽の熱でタンクにためた水をわかす機器。日当たりのよい屋根などに設置する。あたためた水は給湯器にためるなどして使う。

【 ヒートポンプ給湯器 】

電気を使って空気中の熱を集め、水をわかす機器。熱を集めるときに使われた電気もお湯をわかすために使われ、エネルギーのむだが少ない。

👣 CFPチェック！

⭐⭐⭐ 自宅に太陽熱温水器を導入して、太陽の熱で給湯に必要なエネルギーの約半分をまかなう ………………… -220kg

⭐⭐ ヒートポンプによる温水供給にかえる …… -150kg

◀住宅の屋根に設置された太陽熱温水器。
写真提供：チリウヒーター株式会社

温室効果ガスの排出量が少ない自動車を選ぼう

自動車を電気自動車（→2巻）にするなどして、使うエネルギーをガソリンではなく電気、とくに再生可能エネルギーでつくった電気にかえることができれば、カーボンフットプリントを減らすことができる。それがむずかしければ、より小型で燃費のよい車を選ぶようにしよう。

👣 CFPチェック！

マイカーを電気自動車にする		
⭐⭐⭐	再生可能エネルギーで充電	………… -200kg
⭐⭐	再生可能エネルギー以外で充電	…… -110kg

マイカーをプラグインハイブリッドカーにする		
⭐⭐	再生可能エネルギーで充電	………… -160kg
⭐⭐	再生可能エネルギー以外で充電	…… -110kg

⭐ マイカーをハイブリッド車（→2巻）にする ……… -80kg

⭐ マイカーを軽自動車にする ……………… -50kg

もっと知りたい！このコトバ
～「買う」にかかわる用語～

【エシカル消費】

人や社会、自然環境のことを考えてつくられた商品を選んで買うこと。エシカルとは「倫理的」という意味。環境にやさしい商品を選ぶことが、環境にやさしい商品を増やすことにつながるように、人や社会にやさしい商品を選ぶことが、よりよい世界への一歩になる。環境のことだけではなく、人や社会への影響も考えて買うようにしたいね。

【オーガニック】

農薬や化学肥料にたよらず、自然をいかして育てた農産物や、これを加工したもののこと。有機ともいう。農薬は作物を病気や害虫から守るために、化学肥料は作物に栄養をあたえるために使われるけれど、使いすぎると環境や人の健康に悪い影響をあたえる。オーガニックの農産物や食品、コットンなどは、環境にも人にもやさしいとされているよ。

有機JASマーク。農林水産省が定めた、オーガニックの基準を満たした農産物や加工品につけられる。

【食料自給率】

ある国で消費されている食料のうち、どれくらい国内で生産されているかをしめしたもの。日本の食料自給率は、1965年には73%だったけれど、2021年度には38%にまで下がってしまった（カロリーで計算した場合）。先進国のなかでもとくに低く、外国から多くの農水産物を輸入している。生産方法に気をつけつつ、国産や地元産の食材を選びたいね。

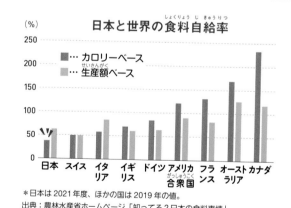

日本と世界の食料自給率

■… カロリーベース
■… 生産額ベース

日本 スイス イタリア イギリス ドイツ アメリカ合衆国 フランス オーストラリア カナダ

＊日本は2021年度、ほかの国は2019年の値。
出典：農林水産省ホームページ「知ってる？日本の食料事情」

【ZEH】

年間のエネルギー消費量を実質ゼロにすることを目指した住宅のこと。「net Zero Energy House」の略だよ。断熱と省エネ（→P.29）でエネルギー消費量をおさえたうえで、太陽光パネル（→P.31）などでエネルギーをつくり出すことで、実質ゼロにするんだ。日本は2030年には、新築住宅でZEHが一般的になることをめざしているよ。

第3章

使うときにできること

温室効果ガスの排出量を減らそうと思ったとき、ものにはできるだけ
使わないほうがよいものと、使えなくなるまで使い切ったほうがよいものがある。
できるだけ使わないほうがよいのは、家電製品や自動車のように、
使うときに電気やガソリンなどのエネルギーを消費するもの。
エネルギーをつくるときや使うときに温室効果ガスが排出されるから、
使わないほうが温室効果ガスの排出量を減らすことができる。
一方、衣服や文房具など、使うときにエネルギーを必要としないものは、
できるだけ長く、大切に使いつづけて、
新しいものを買う回数を減らすことが大事なんだ。

長く使おう・使い切ろう

ものは買うことや、手に入れることが目的ではないよね。ものはわたしたちのくらしをよりよくするために、多くの温室効果ガスを排出してつくられたんだ。すぐに壊したり、捨てたり、使わないままだめにしたりしては、また新しいものを買うことになり、温室効果ガスをさらに排出することになる。どんなものもできるだけ長く、使えなくなるまで使うようにしよう。

どうして長く使うといいの？

わたしたちがひとつのものを長く使うほど、新しいものを買う回数は減るね。社会全体で必要とされるものの数も減るから、つくる側もつくる量を減らすようになる。将来つくるときや運ぶときにかかるカーボンフットプリントを、減らすことにつながるんだ。

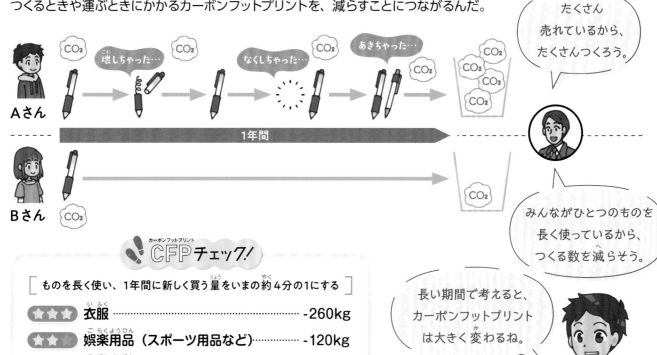

たくさん
売れているから、
たくさんつくろう。

みんながひとつのものを
長く使っているから、
つくる数を減らそう。

長い期間で考えると、
カーボンフットプリント
は大きく変わるね。

CFPチェック！

ものを長く使い、1年間に新しく買う量をいまの約4分の1にする

★★★	衣服	-260kg
★★	娯楽用品（スポーツ用品など）	-120kg
★	小型家電	-50kg
★	バッグ・アクセサリーなど	-40kg

大切に使おう

買ったものを、使わずにしまいこんでいないかな？ ものは使ってこそ役割を果たすことができ、わたしたちのくらしや心をゆたかにしてくれるよ。乱暴にあつかっていると、ものが壊れたり、使えなくなったりする原因になるから、ていねいにあつかおうね。

ずっと使っている野球のグローブ。
最初はただのグローブだったけれど、
試合に勝ったときのこと、大変だった練習のこと……
使っているうちに、たくさんの思い出がつまった、
世界にひとつだけのグローブになっていたよ。

正しく保管・お手入れしよう

ものをよい状態に保つには、正しい方法で保管すること、定期的にお手入れすることが大事だよ。ものによって保管やお手入れのしかたは異なるから、買ったときに説明書を見たり、インターネットで調べたりして確認しておこう。

保管・お手入れのしかたを調べてみよう

☑コート　☑セーター　☑体操着
☑水着　☑うわばき　☑ランドセル
☑ボールやラケットなどのスポーツ用品
☑習字道具　☑リコーダー　☑傘

専門店で
買うときには、お店の人に
聞いてみよう！

身近なもののお手入れのしかた

自分の持ちもののお手入れは、自分でできるようになりたいね。
この機会に調べてみよう！

洗濯表示
洗いかたや干しかた、アイロンのかけかたなどがマークでしめされている。

取扱説明書
正しい使いかたや機能の説明、保管やお手入れのしかたなどが書かれている。壊れたときの問い合わせ先なども書かれているから、大切に取っておこう。

修理・補修しよう

壊れるなどして使えなくなってしまったら、修理や補修をしよう。自分でできない場合は、つくった会社に問い合わせたり、おもちゃを修理してくれるボランティア、おもちゃ病院などに持ちこんだりしよう。

とれた服のボタンをつけたり、やぶれた本のページをテープではりあわせたり……　自分でもできることはたくさんあるね。

リメイクしよう

本来の使いかたで使えなくなったものを、手を加えてべつのものに生まれ変わらせることを、リメイクというよ。服や木製品は自分でもリメイクしやすいから、挑戦してみよう。ランドセルを革小物にするなど、お店に持っていってリメイクしてもらう方法もあるよ。

着られなくなったTシャツ。
なにに、どうやってリメイクするか、
考えるのも楽しいね！

クッションカバー

バッグ

ブックカバー

ティッシュケース

エネルギーの使いかたを見直そう

電気で動く家電製品や、ガソリンで走る自動車などは、わたしたち自身がエネルギーを消費して使っている。エネルギーをつくったり、使ったりするときには CO_2 が排出される（→1巻）から、できるだけ使う量を減らしたいね。わたしたちがどんなエネルギーを、どのように消費しているのか、どうすればそれを減らせるのか、見ていこう。

くらしには、どんなエネルギーが使われているの？

家庭で CO_2 をもっとも多く排出しているエネルギーは電気で、全体の半分近くをしめている。自動車に使われるガソリンや軽油、暖房や給湯に使われるガスや灯油も、それぞれ合計で2割以上になるね。また、ごみ（→4巻）を出したり、水を使ったりすることも CO_2 の排出につながっているよ。

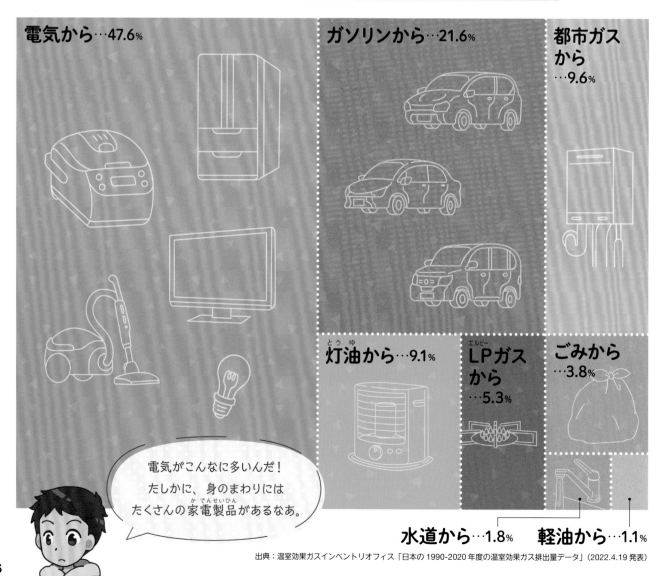

燃料別家庭からの二酸化炭素排出量

電気から…47.6%

ガソリンから…21.6%

都市ガスから…9.6%

灯油から…9.1%

LPガスから…5.3%

ごみから…3.8%

水道から…1.8%　軽油から…1.1%

電気がこんなに多いんだ！たしかに、身のまわりにはたくさんの家電製品があるなあ。

出典：温室効果ガスインベントリオフィス「日本の1990-2020年度の温室効果ガス排出量データ」（2022.4.19発表）

エネルギーを節約しよう

お金をためるために節約するように、地球温暖化をふせぐために、エネルギーの節約をしよう。節約に必要なのはがまんではなく、ちょっとした知識や工夫なんだ。まずは、エネルギーを節約するときのポイントを見ていこう。

ポイント 1
まとめて使おう

こまめに何回も使うと、その度にエネルギーを使うことになる。洗濯物を洗う、冷蔵庫を開ける、車で出かけるなど、まとめられるものや機会はまとめよう。

ポイント 2
使う時間を減らそう

長く使うほど、エネルギーの消費量は増えるよ。シャワーやテレビなど、使う時間を自分で調整できるものは「○分まで」と決めよう。長時間使わないときには電源を切ったり、コンセントを抜いたりしよう。

ポイント 3
使う力を弱くしよう

使う力が強いほど、エネルギーの消費量は増えるよ。暖房の設定温度やテレビの明るさなど、使うときに強さを自分で調整できるものは、いまより一段階下げてみよう。

ポイント 4
エネルギーを使わない方法でおぎなおう

使うエネルギーを減らしても気持ちよくすごせるように、寒いときには上着をはおる、ドライヤーを使う前にタオルでしっかりかわかすなどの工夫を生活に取り入れよう。

ポイント 5
長く続けよう

エネルギーの節約は、1日や1つの工夫ごとの効果は小さいけれど、毎日続ければ大きな削減につながるよ。できることからはじめて、無理をせず続けられる範囲で取り組もう。

具体的に、どんなことをすればエネルギーを節約できるのかな？家庭と学校でできることを見てみよう！

家庭でエネルギーを節約しよう

家電製品やガス製品、自動車など、家庭にはエネルギーを使う機器がたくさんあるね。エネルギーの節約は電気代やガス代などの節約にもなるよ。家族でどんなことができるか話し合ってみよう。

＊この見開きのCFPについて、「安全運転を心がけよう」は経済産業省 資源エネルギー庁ホームページ「省エネポータルサイト」（https://www.enecho.meti.go.jp/category/saving_and_new/saving/index.html#general-section）、それ以外の項目は東京都「家庭の省エネハンドブック2022」の値を掲載しています。

入浴のしかたを見直そう

お風呂は追いだきをすると、たくさんのガスを使うことになる。1度わかしたら、お湯が冷める前に続けて入るようにしよう。

CFPチェック！

- ★★★ 間隔をあけずに続けて入る -82.9kg
- ★★★ こまめにシャワーをとめる -30.7kg

洗濯物はまとめて洗おう

洗濯や乾燥は、できるだけまとめてしよう。軽いよごれであれば、洗う時間を短く設定して、使う電気や水の量を減らそう。

CFPチェック！

- ★★★ 衣類乾燥機はまとめて使い、回数を減らす -20.5kg
- ★★★ 洗濯物はまとめて洗う -14.1kg

パソコンを使う時間を短くしよう

「1日○時間」と時間を決めて使おう。起動とシャットダウンにとくに電気を使うので、使わない時間が数十分であればスリープモードを活用しよう。

CFPチェック！

- ★★★ 使う時間を1日1時間減らす（デスクトップの場合） -15.5kg

短い時間で必要なものを取り出せるよう、冷蔵庫のなかを整理しておくことも大切だね。

冷蔵庫の使いかたを見直そう

壁に接していると熱がこもるので、まわりにすきまができるよう設置しよう。ものを詰めこみすぎたり、何度も開け閉めしたりすると、冷やすためのエネルギーがよけいに必要になるので気をつけよう。

CFPチェック！

- ★★★ 設定温度を「強」から「中」にする -30.2kg
- ★★★ 壁から適切な間隔で設置する -22.1kg
- ★★★ ものを詰めこみすぎない -21.4kg
- ★★★ むだな開け閉めをしない -5.1kg

温水洗浄便座の温度設定を低くしよう

ふたを閉めておくと、便座の熱がにげないよ。便座暖房の設定温度は低めにしよう。あたためる必要のない夏や、旅行に出かけるときなどは、電源を切ろう。

CFPチェック!

- ⭐ 使わないときはふたを閉める -17.1kg
- ⭐ 便座暖房の設定温度を低くする -12.9kg

テレビの明るさを調整しよう

明るさはひかえめに設定しよう。見ていないのに、なんとなくつけっぱなしにするのもやめようね。

CFPチェック!

- ⭐ 画面は明るすぎないように設定する -13.3kg

こたつの温度設定を下げよう

カーディガンなどをはおって、設定温度は低めにしよう。こたつ布団の上と、こたつの下にもう1枚ずつ布団をしくと、保温の効果が高まるよ。

CFPチェック!

- ⭐ 設定温度を「強」から「中」にする -24.0kg
- ⭐ 上掛けと敷布団をいっしょに使う -15.9kg

炊飯器と電気ポットの保温時間を短くしよう

炊飯器は食事の時間にあわせて炊きあがるようにする、電気ポットは低めの温度で保温して使うときに再沸騰させるなど、保温する時間は短く、温度は低くしよう。

CFPチェック!

- ⭐ 炊飯器の長時間保温はせず、使わないときはプラグをぬく -22.4kg
- ⭐ 電気ポットの長時間保温をしない -52.6kg

安全運転を心がけよう

自動車は急な発進や加速・減速をしないようにすると、エネルギーの消費をおさえられ、安全運転にもつながるよ。運転する人に気をつけてもらおう。

CFPチェック!

- ⭐⭐ ゆっくりアクセルをふんで発進する -194.0kg
- ⭐ 加速や減速が少ない運転を心がける -68.0kg

学校でエネルギーを節約しよう

多くの人がすごす学校では、消費するエネルギーの量も家庭よりずっと多いよ。だからこそ、みんなで協力して取り組むことが大切になる。まずは自分のクラスからはじめてみよう。ここで紹介しているのは家庭でもできることだから、家庭でも取り入れてね。

＊この見開きのCFPは、東京都「家庭の省エネハンドブック2022」の値を掲載しています。すべて家庭で実施した場合の値です。取り組みの効果を考える参考にしてください。

エアコンの使いかたを見直そう

設定温度を見直したり、使う時間を短くしたりしよう。フィルターのそうじをすると、効率がよくなるよ。

CFPチェック！

★☆☆	暖房時の室温は20℃をめやすにする	-26.0kg
★☆☆	暖房の使用時間を1日1時間減らす	-19.9kg
★☆☆	冷房時の室温は28℃をめやすにする	-14.8kg
★★☆	冷房の使用時間を1日1時間減らす	-9.2kg
★☆☆	フィルターをこまめにそうじする（月2回ていど）	-15.6 kg

窓やドアの開け閉めを少なくしよう

冷房や暖房で調節した空気を逃さないよう、窓やドアの開け閉めは必要なときだけしよう。ただし、換気（空気の入れかえ）はしっかりしてね。

緑のカーテンは日光をさえぎってくれるだけでなく、葉から出る水蒸気でまわりの温度を下げてくれるんだって。

着るものを工夫しよう

エアコンだけにたよらず、カーディガンをはおる、ひざかけを使うなど、着るものを工夫して寒さをしのごう。夏はせんすやうちわを使ってもいいね。

窓からの熱をさえぎろう

熱は窓から入ってくるよ。ゴーヤやアサガオなど、つる性の植物を育ててつくる緑のカーテンや、ブラインド、すだれなどで窓からの直射日光をさえぎろう。冷房の使いすぎをふせげれば、温室効果ガスの排出量を減らすことができるね。

冬

夏

火かげんに注意しよう

なべなどの底からはみ出した火にあたためる効果はほとんどない。底におさまる火力で調理しよう。

CFPチェック!
カーボンフットプリント

★☆☆ 強火だった火かげんを中火にかえる　-5.2kg

電子レンジを活用しよう

電子レンジは、短時間であればガスコンロより効率的に食材を加熱できるよ。積極的に調理に取り入れよう。

CFPチェック!
カーボンフットプリント

★★★ 電子レンジで下ごしらえしてから調理する　-13.0kg
（ブロッコリーやかぼちゃの場合）

水を大切に使おう

使う量を減らすのはもちろん、お湯を使うためにはガスであたためる必要があるので、できるだけ低い水温で使うようにしよう。

CFPチェック!
カーボンフットプリント

★★★ 食器を洗うときの水温を低めにする　-19.1kg

★☆☆ 歯みがき中、水を流しっぱなしにしない　-2.6kg

照明を使う時間を短くしよう

照明をつけたり消したりするときには、ほとんど電気を消費しない。使っていない部屋の照明は、こまめに消すようにしよう。

CFPチェック!
カーボンフットプリント

[使う時間を1日1時間減らす]

★★★ 白熱電球　-9.6kg

★★☆ 蛍光灯　-2.2kg

★☆☆ LED電球　-1.4kg

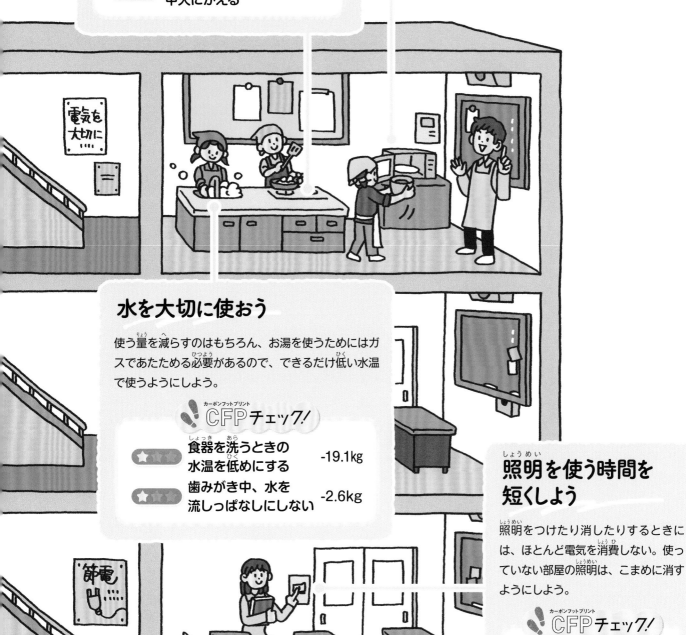

移動のしかたを見直そう

移 住
消 食

ガソリンなどの燃料や電気で動く乗り物は、移動する距離が長くなるほど、多くのエネルギーを消費するよ。なかでも自動車での移動にかかるカーボンフットプリントは、くらしにか

わるカーボンフットプリントのなかで2番目に大きいんだ（→ P.12）。できるだけ自転車や公共交通機関を使うようにしたり、身近な地域ですごす機会を増やしたりしよう。

ここに注目！

自動車にたよるわたしたちのくらし

小出 瑠、小嶋 公史、渡部 厚志 著「1.5℃ライフスタイル — 脱炭素型の暮らしを実現する選択肢 — 日本語要約版」地球環境戦略研究機関、2020年より

わたしたちが1年間に移動する距離の半分近くは自動車によるものだよ。くらしにかかわるカーボンフットプリントでは、移動の約8割が自動車によるものなんだ。

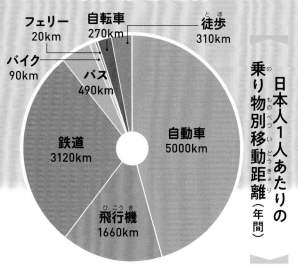

フェリー
20km
自転車
270km
徒歩
310km
バイク
90km
バス
490km
鉄道
3120km
自動車
5000km
飛行機
1660km

日本人1人あたりの乗り物別移動距離（年間）

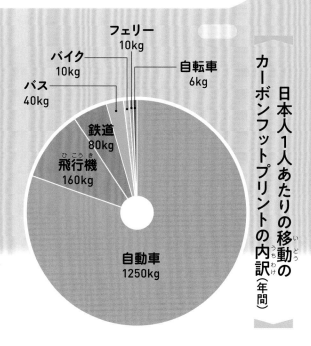

フェリー
10kg
バイク
10kg
バス
40kg
自転車
6kg
鉄道
80kg
飛行機
160kg
自動車
1250kg

日本人1人あたりの移動のカーボンフットプリントの内訳（年間）

自動車よりバスや電車に乗ろう

自動車は、移動距離に対するカーボンフットプリントがバスや電車などの公共交通機関より大きいよ。ほかの乗り物で行けないか、考えてみよう。

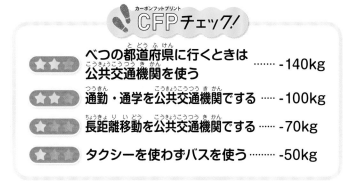

CFPチェック！
カーボンフットプリント

⭐⭐⭐ べつの都道府県に行くときは公共交通機関を使う ……… -140kg

⭐⭐⭐ 通勤・通学を公共交通機関でする ……… -100kg

⭐⭐ 長距離移動を公共交通機関でする …… -70kg

⭐ タクシーを使わずバスを使う ……… -50kg

バスや電車は1度に多くの人を運べるから、1人あたりのカーボンフットプリントは自動車より少ないんだ。

1kmの移動にかかる1人あたりのカーボンフットプリント（2019年度）

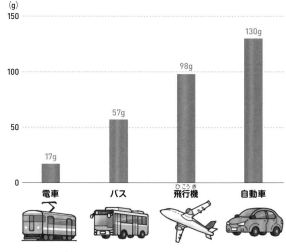

(g)
150

100

50

0

電車 17g
バス 57g
飛行機 98g
自動車 130g

出典：国土交通省ホームページ　運輸部門における二酸化炭素排出量（2019年度）

飛行機の利用を減らそう

飛行機を飛ばすにはたくさんの燃料が必要だから、1度利用するだけで大量のCO_2を排出するよ。乗る回数を減らしたり、電車に変更するなどして移動したりできるといいね。

CFPチェック！
カーボンフットプリント

⭐⭐☆ 国内旅行の行き先を周辺の都道府県にする … -120kg

⭐☆☆ 休みを国内ですごす …… -60kg

⭐☆☆ 国内旅行に飛行機ではなく列車を使う ………… -50kg

飛行機の利用によるカーボンフットプリントの例

Lite Flights（https://lite.flights/）"ROUTES MAP" をもとに作成

パリ（フランス）2215kg

バンダルスリブガワン（ブルネイ）746kg

成田空港（日本）

福岡（福岡県）174kg

最近はSAF（→ P.46）など、環境にやさしい燃料を取り入れる航空会社も増えているよ。

自転車を積極的に使おう

自転車は燃料や電気などを使わない、環境にやさしい乗り物だよ。自転車で行ける距離なら、自転車を選ぼう。

CFPチェック！
カーボンフットプリント

⭐☆☆ 週末を自転車で行ける範囲ですごす …… -80kg

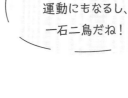

環境にやさしいし、運動にもなるし、一石二鳥だね！

宅配を上手に利用しよう

1年間に届けられる宅配便の数

約50億個

再配達 約11.9%

1年間に届けられる宅配便の数は、49億5323万個（2021年度）。そのうち約1割が1度で受け取られず、再配達されている。

＊宅配便の数：国土交通省「令和3年度 宅配便取扱実績」より

再配達の割合：国土交通省「宅配便の再配達率のサンプル調査」2021年（令和3年）10月期より

荷物を届けてくれる宅配を利用すると、トラックやバイクなどが使われることになる。まとめて買って宅配の回数を減らす、受け取りの日時を指定して1度で受け取るなどの工夫をしよう。

CFPチェック！
カーボンフットプリント

⭐☆☆ 宅配便をすべて1回で受け取る …………… -7kg

＊環境省ホームページ「COOL CHOICE ゼロカーボンアクション30」（https://ondankataisaku.env.go.jp/coolchoice/zc-action30/）より

シェアリングやレンタルを活用しよう

ものは長く使うことが大切だったね。でも服やおもちゃのように成長すると使えなくなってしまうもの、着物やスキー用品のように特別なときにしか使わないものなど、自分ひとりでは長く使えないもの、使う機会がほとんどないものもあるよね。これらは、買うのではなく、ほかの人と共有するシェアリングや、必要なときだけ借りるレンタルを活用してみよう。

1つのものを多くの人で使う社会

1つのものを多くの人で使うことができれば、社会全体で使うものの数が減るね。まだ使えるのに捨てられてしまうものを減らすこともできる。そうすれば、つくる側も数をしぼって、長持ちするものをつくるようになるはずだよ。

利用するときには、自分の後に使う人が気持ちよく使えるよう、大切にあつかおうね。

それぞれでものを使う社会	ものをシェアする社会

月2回、病院に行くためには車が必要だけれど……

車は持っているけど、週末しか使わない。

シェアリング

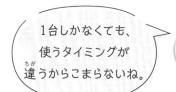

1台しかなくても、使うタイミングが違うからこまらないね。

使われずにたんすにしまわれているよ。

好きな色が変わっちゃった。

サイズが合わなくなっちゃった。

レンタル

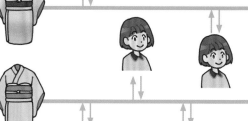

自分が着たいときに借りれば、ものをむだにしなくてすむね。

自動車をシェアやレンタルしよう

自動車は、わたしたちの身のまわりにあるもののうち、使うときのカーボンフットプリントがとくに大きいんだ。だから、同じ目的地に行く人が集まって1台の自動車に乗るライドシェアリングは、温室効果ガスを減らすことにつながるよ。車を複数の人で共有するカーシェアリングや、車を借りるレンタカーも活用できるといいね。

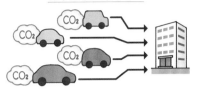

ライドシェアリング

ばらばらに乗ると…

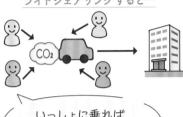

ライドシェアリングすると…

いっしょに乗れば、1台分の排出量ですむよ！

CFPチェック！

⭐⭐ ライドシェアリングをする
（1台の自動車に4人乗ってから移動する）……… -190kg

⭐ カーシェアリングやレンタカーを利用する …… -90kg

生活にシェアリングやレンタルを取り入れよう

なにかがほしくなったり、必要になったりしたとき、自分の持ち物として大切に使いつづけたいものは買うことにしよう。そうでないものは、シェアやレンタルできないか考える習慣をつけよう。

シェアリングやレンタルするものによっては、利用するたびに運んだり、包装したり、洗濯などできれいにしたりすることで、温室効果ガスが排出されるよ。利用のしかたも考える必要があるね。

シェアやレンタルするとよいものの例

ドレス

スーツケース

スキー用品

着物

考えてみよう！

シェアリングやレンタルで身近な課題を解決する

▲施設に設置されたシェア用の傘。長く使えるよう、じょうぶで、修理しやすいつくりになっている。

写真提供：株式会社 Nature Innovation Group（アイカサ）

シェアリングやレンタルは、使い捨てにされるものを減らすためにも活用されています。たとえば、駅の構内などに傘を設置して貸し出す傘のシェアリングです。日本では毎年約6000万〜8000万本*のビニール傘が消費され、消費量は世界一とも言われます。こわれやすく、リサイクル（→4巻）もしづらいため、ごみを増やす原因として大きな問題となっています。急な雨が降ってきたときに傘のシェアリングを利用すれば、ビニール傘を使い捨てせずにすみますね。

このように、シェアリングやレンタルで身近な課題を解決できないか、みなさんも考えてみましょう。

*出典…サレジオ工業高等専門学校 デザイン学科 価値創造研究室「環境へ与える傘の廃棄問題 Environmental issue of Umbrella」

もっと知りたい！このコトバ
～「使う」にかかわる用語～

【MaaS】

インターネットの技術を使ってさまざまな交通手段を組み合わせ、よりべんりに、効率よく移動できるようにするしくみ。「Mobility as a Service（サービスとしての移動）」の略。自分の好きなところへ行ける自家用車はべんりだけれど、多くの温室効果ガスを排出する。MaaS が広まれば、公共交通機関の活用が進み、自家用車にたよらず移動ができるようになる。べんりなだけでなく、温室効果ガスの排出量や大気汚染も減ると期待されているよ。

【SAF】

藻や、ごみとなった木材や植物油など、化石燃料を使わないでつくられる飛行機用の燃料。「Sustainable Aviation Fuel（持続可能な航空燃料）」の略。いま、おもに使われている石油からつくられた燃料より、CO₂の排出量を80%ほど減らせるとされ、燃料に取り入れる航空会社も増えているんだ。

【サブスクリプション】

決まった料金をはらって、ものやサービスなどを決まった期間のあいだ、自由に使うことができるサービス。服や家具など、もののレンタルができる場合もあるよ。ものを持たずに豊かな生活ができるサービスとして注目されているけれど、必要以上にものを使ったり、宅配を何回も使ったりすることがないようにしたいね。

【シェアリングエコノミー】

人びとがものや空間、技術、知識などを共有する（シェアリング、→P.44）経済のかたち。どんなによいものや技術でも、使われなければ意味がないよね。最近はインターネットを利用して、自宅の部屋や自動車、家事など、使われていないものや技術などと、それを必要としている人をつなげるサービスが次つぎに生まれているよ。

さくいん

この本に出てくる重要なことばを五十音順にならべ、
そのことばについてくわしく説明しているページや巻をしめしています。

監修

藤野純一（ふじの じゅんいち）

公益財団法人地球環境戦略研究機関
サステイナビリティ統合センター プログラムディレクター

1972年生まれ、大阪・吹田で育ち、兵庫・西宮で学ぶ。東京大学入学後、修士・博士に進み、2100年の世界を対象としたエネルギーシステム分析で工学博士を取得。国立環境研究所では、主に日本の中長期温暖化対策ロードマップ策定に貢献。地球環境戦略研究機関（IGES）では、特に地域視点のサステイナビリティ実現に向けて国内外の現場を行き来している。

参考文献

IPCC 第6次報告書／「1.5℃ ライフスタイル ― 脱炭素型の暮らしを実現する選択肢 ― 日本語要約版」（地球環境戦略研究機関）／「家庭の省エネハンドブック2022」（東京都）／『再生可能エネルギーをもっと知ろう』（岩崎書店）／「脱炭素型ライフスタイルの選択肢　カーボンフットプリントと削減効果データブック」（国立環境研究所・地球環境戦略研究機関、https://lifestyle.nies.go.jp/html/databook.html）／『はかって、へらそう CO2 1.5℃大作戦』（さ・え・ら書房）／『やさしく解説　地球温暖化』（岩崎書店）　ほか

指導	由井薗健（筑波大学附属小学校）
装丁・本文デザイン・DTP	Zapp!
イラスト	佐藤真理子、セキサトコ
校正	有限会社一梓堂
編集・制作	株式会社童夢
写真・画像提供	一般社団法人サステナブル経営推進機構 SuMPO 環境ラベルプログラム事務局、一般社団法人日本有機資源協会バイオマスマーク事業事務局、オールバーズ合同会社、花王株式会社、株式会社斗々屋、株式会社 Nature Innovation Group（アイカサ）、公益財団法人古紙再生促進センター、公益社団法人鉄道貨物協会、チリウヒーター株式会社
表紙写真提供	株式会社斗々屋［量り売りの利用］、株式会社 Nature Innovation Group（アイカサ）［シェア用の傘］、チリウヒーター株式会社［太陽熱温水器］

知りたい！ カーボンニュートラル　脱炭素社会のためにできること③
学校や家庭でできること　どう買う？ どう使う？

2023年4月1日　初版発行

監　修　藤野純一
発行者　岡本光晴
発行所　株式会社あかね書房
　　　　〒101-0065　東京都千代田区西神田3－2－1
　　　　電話 03-3263-0641（営業）　03-3263-0644（編集）
印刷所　図書印刷株式会社
製本所　株式会社難波製本

ISBN978-4-251-06739-5
© DOMU ／ 2023 ／ Printed in Japan
落丁本・乱丁本はおとりかえします。

NDC519
藤野純一
知りたい！　カーボンニュートラル
脱炭素社会のためにできること③
学校や家庭でできること　どう買う？ どう使う？

あかね書房　2023年 47p　31cm×22cm

3巻「学校や家庭でできること どう買う？ どう使う？」
内容チェッククイズ

Q1 ものの一生を通じて排出される温室効果ガスのことを
カーボン〇〇〇プリントという。　　　　▶▶正解は……P.10 を見てね！

Q2 日本人は1人で1年間に平均〇枚の服を買っている！(2020年度)
　　　　　　　　　　　　　　　　　　　　▶▶正解は……P.20 を見てね！

Q3 グリーンマークは、原料に決められた割合以上の〇〇を
使っていることをしめす環境ラベル。　　▶▶正解は……P.23 を見てね！

Q4 次のうち、つくるときにもっとも温室効果ガスを排出する食べ物は
どれ？　①たまご ②牛肉 ③トマト　　▶▶正解は……P.24 を見てね！

Q5 エコバッグを3回使えば、使い捨てのレジ袋を使うより
温室効果ガスを減らせる。〇か×か？　　▶▶正解は……P.27 を見てね！

Q6 1年間に、家庭でもっとも電気を使っている家電はどっち？(2019年度)
A. エアコン B. テレビ　　　　　　　　▶▶正解は……P.29 を見てね！

Q7 家の屋根に〇〇〇パネルを設置すれば、温室効果ガスを
大はばに減らすことができる。　　　　　▶▶正解は……P.31 を見てね！

Q8 冷蔵庫にはたくさんものを詰めこんだほうが温室効果ガスを
減らすことができる。〇か×か？　　　　▶▶正解は……P.38 を見てね！

Q9 同じ距離を移動する場合、1人あたりの温室効果ガスの排出量が
少ない乗り物はどっち？　A. 電車 B. 自動車
　　　　　　　　　　　　　　　　　　　　▶▶正解は……P.42 を見てね！

Q10 1つのものをほかの人と共有することを〇〇〇リングという。
　　　　　　　　　　　　　　　　　　　　▶▶正解は……P.44 を見てね！